AF390630

VENTE

Du Jeudi 17 Mai 1906

HOTEL DROUOT — SALLE N° 5

A 2 HEURES

TABLEAUX

ANCIENS ET MODERNES

GRAVURES

BRONZES CHINOIS ET EUROPÉENS

PORCELAINE — ARGENTERIE — BIJOUX

Objets de Vitrine

PANNEAUX EN SOIE BRODÉE DE CHINE

MEUBLES-SIÈGES

TAPIS D'ORIENT

Me F. LAIR-DUBREUIL

COMMISSAIRE-PRISEUR

6, Rue de Hanovre, 6

M. Émile BERTIER

EXPERT

149, Avenue du Maine

EXPOSITION PUBLIQUE

Le Mercredi 16 Mai 1906, de 2 heures à 6 heures

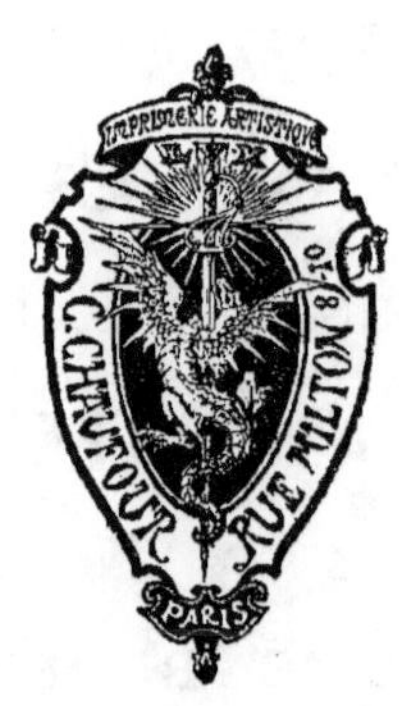
IMPRIMERIE ARTISTIQUE
C. CHAUFOUR
RUE MILTON 8 & 10
PARIS

CONDITIONS DE LA VENTE

Elle sera faite au comptant.

Les acquéreurs paieront 10 .0/o en sus des en-
chères.

L'exposition mettant le public à même de se rendre
compte de l'état des objets, il ne sera admis aucune
réclamation une fois l'adjudication prononcée.

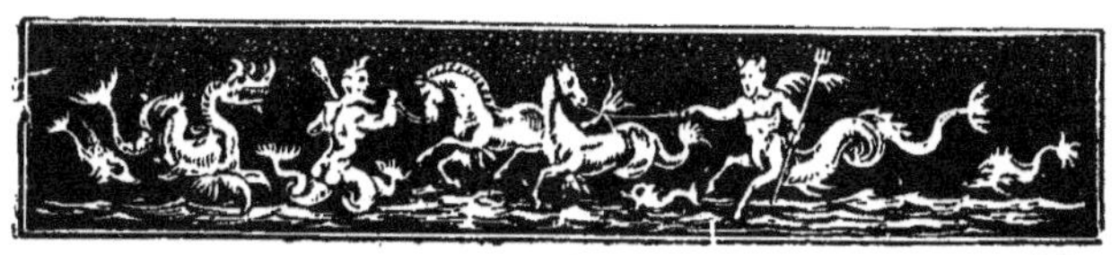

DÉSIGNATION

TABLEAUX

1 — FERIER (René). Paysage avec chaumière, figures et animaux.

2 — GRALDON. Portrait d'une amazone.

3 — HALS (D'après Frans). La femme à la chouette.

4 — HORAEZEK. Navire désemparé. Peinture sur marbre.

5 — LENOIR. Le Village. Effet de soleil couchant.

6 — MOREAU (N.). Cerf sous bois.

7 — ORTEAU. Paysage, après l'orage.

8 — REMBRANDT (D'après). Portrait d'homme.

9 — REMBRANDT (D'après). Portrait d'homme à barbe blanche coiffé d'un grand chapeau.

10 — ROUSSEAU (N.). Paysage animé avec cours d'eau.

11 — TABUR (L.). Route en forêt avec figure de femme et d'enfant.

12 — TITIEN (D'après le). Portrait de la duchesse de Ferrare.

13 — ECOLE ANCIENNE. L'Attaque d'une ville.

14 — ECOLE FLAMANDE. Le ferrage du baudet.

15 — ECOLE FLAMANDE. La Vierge et l'Enfant.

16 — Ecole Flamande. Reine à genoux devant un moine.

17 — ECOLE FLAMANDE. Le Festin de Balthazar.

18 — ECOLE FLAMANDE. Fumeurs.

19 — ECOLE FLAMANDE. Le Christ chez
Pilate.

20 — ECOLE FLAMANDE. Vase de fleurs.

21 — ECOLE FLAMANDE. Paysage animé de
figures.

22 — ECOLE FLAMANDE. Buveurs.

23 — ECOLE FRANÇAISE. Portrait de femme
décolletée. Pastel.

24 — ECOLE FRANÇAISE. Portrait de jeune
femme blonde.

25 — ECOLE FRANÇAISE. Portrait d'un acadé-
micien.

26 — ECOLE FRANÇAISE. Portrait de femme
en costume rouge.

27 — ECOLE FRANÇAISE. Portrait de fiancée.

28 — ECOLE FRANÇAISE. Tête d'homme à
barbe blanche revêtu d'un manteau rouge.

29 — ECOLE HOLLANDAISE. Paysage. L'E-
glise.

30 — ECOLE ITALIENNE. Prêtre en costume d'apparat.

31 — ECOLE ITALIENNE. Saint en prière. Cuivre ovale.

32 — ECOLE ITALIENNE. Le Jugement de Pâris.

33 — ECOLE ITALIENNE. La Madeleine.

34 — ECOLE MODERNE. Barque sur un fleuve. Aquarelle.

GRAVURES

35 — MORLAND (D'après). The Weary sportman. Gravure en couleur.

36 — MORLAND (D'après). Shepherds reposing Gravure en couleur.

37 — REYNOLDS (D'après). The honorable Miss Frances Harris. Gravure.

38 — Deux gravures encadrées : La Poésie. La Musique.

39 — Deux gravures en couleur : La Jolie famille. Le Chapeau de la mariée.

40 — Gravure en couleur : Le coucher de la mariée.

41 — Gravure encadrée. La fête de Bacchus.

42 — Petite gravure encadrée. Bergers et Bergères.

43 — Trois gravures encadrées.

44 — Quatre pièces sous verres; d'après le baron Gros, Th. Couture, Giacomelli, etc.

BRONZES

45 — Paire de grandes lampes en bronze chinois, anses formées de dragons. Disposées pour l'électricité.

46 — Guéridon formé de deux plats en porcelaine de Sèvres, monture en bronze doré.

47 — Paire d'appliques à quatre lumières en bronze ciselé et doré. Style Louis XVI.

48 — Jardinière en émail cloisonné à décor d'au
   bépines sur fond noir, monture en bronze
   doré.

49 — Grand vase en bronze de Chine, à décor
   d'animaux en relief. Pied en bois sculpté.

50 — Deux vases forme balustre en bronze de
   Chine, à décor de guerriers et animaux en
   relief.

51 — Petit lustre en cuivre poli.

52 — Jardinière en cuivre.

53 — Paire de flambeaux trépieds en bronze
   doré, lumière forme vase.

54 — Miroir à main. Cadre en bronze poli.

55 — Encrier en bronze : tête de mort.

56 — Petite boîte en bronze du Japon.

57 — Neuf flambeaux en cuivre.

58 — Paire de flambeaux en bronze doré. Style
   Louis XVI.

59 — Petit miroir formant flambeau en bronze Empire.

60 — Lampe de mosquée en cuivre ajouré.

61 — Plateau en bronze argenté sur quatre pieds de style chinois.

PORCELAINES, ARGENTERIE
BIJOUX

62 — Vase en porcelaine de Chine à décor de fleurs sur fond capucin, monture en bronze de BARBEDIENNE.

63 — Deux coupes en porcelaine de Chine fond aubergine.

64 — Assiette en porcelaine de Chine, décor de cachets et de personnages en polychrome.

65 — Six bols en porcelaine de Chine à décors variés.

66 — Six soucoupes en porcelaine de Chine, décors variés en polychrome.

67 — Quatre tasses en porcelaine de Chine à décors variés.

68 — Groupe en porcelaine : Le galant.

69 — Deux bols avec soucoupes en porcelaine japonaise.

70 — Paire de flambeaux en porcelaine à figures d'amours.

71 — Bonbonnière en porcelaine.

72 — Flacon porte-bouquets en porcelaine du Japon.

73 — Cuvette en ancienne faïence.

74 — Plaque en faïence encadrée : Intérieur de cabaret.

75 — Tasse et soucoupe en porcelaine, décor en bleu et or, médaillon sujet de chasse.

76 — Service à dessert en vermeil composé de : douze couverts, douze cuillers à café, une cuiller à sucre en poudre, deux cuillers à compote et vingt-quatre couteaux dont douze à lames d'acier, dans une boîte en chêne.

77 —- Pince à sucre et deux cuillers en vermeil,. dans un écrin.

78 — Calice et sa patène en argent.

79 — Bracelet en or, avec plaque ornée d'une branche de fleurs en roses.

80 — Petite montre de dame en or, à gerbe de fleurs émaillées.

81 — Une autre montre de dame en or.

82 — Montre d'homme en or.

83 — Paire de boucles d'oreilles en or et petites perles.

84 — Deux petits médaillons en or.

85 — Verseuse en métal argenté.

MEUBLES, SIÈGES

86 — Bahut ouvrant à trois vantaux en marqueterie de bois. Travail hollandais xviie siècle.

87 — Commode à trois tiroirs en bois verni ;
poignées de tirage et entrées de serrures en
bronze poli, XVIIIe siècle.

88 — Commode en acajou à trois tiroirs ; garnie
de bronzes, dessus en marbre.

89 — Deux portes garnies de vitraux.

90 — Deux fauteuils et deux chaises basses,
couverts en karamanie.

91 — Pendule Louis XV en vernis à décor de
fleurs.

92 — Petite glace en bois sculpté, parties dorées.

93 — Fauteuil Directoire en bois peint blanc
garni en soie brochée.

94 — Chaise Empire en acajou garnie en soie
verte et galons dorés.

95 — Fauteuil Empire en acajou parties dorées,
à ornements en bronze, garni en soie brochée
à fleurs.

96 — Glace, cadre en bois sculpté et doré. Epo-
que Louis XIV.

OBJETS VARIÉS

97 — Triptyque en ivoire : Moïse frappant le rocher.

98 — Triptyque en ivoire : l'ange Gabriel terrassant le démon.

99 — Deux coupes en marbre onyx avec petits médaillons en bronze à têtes d'hommes.

100 — Panoplie d'armes persanes : casque, bouclier, fusil, poignard, haches, pistolets, brassard, etc.

101 — Deux fusils orientaux ornés d'incrustations de nacre et d'os, garnitures en cuivre découpé.

102 — Petite pendule à colonnettes en marbre vert ornée de bronzes.

103 — Epée d'officier; poignée en nacre et cuivre.

104 — Deux panneaux en marqueterie de bois à figures.

105 — Statuette de divinité chinoise en laque, sur
socle en laque rouge à rehauts d'or.

106 — Coffret en bois imitant la vannerie.

107 — Porte-huilier avec burettes.

108 — Miniature : Portrait de jeune femme, cou-
verte d'une fourrure.

109 — Coffret à nombreux compartiments ouvrant
à un tiroir en ivoire gravé.

110 — Deux peintures sur cuivre : la Vierge et
le Christ.

111 — Petite ombrelle en moire blanche, manche
en ivoire sculpté et un manche d'ombrelle en
ivoire sculpté.

112 — Boîte à timbre en ivoire.

113 — Lot d'objets divers : cachet, broche, bracelet, épingle orientale.

114 — Petit livre, porte-monnaie, en ivoire et
peigne de coiffure en écaille.

115 — Eventail, monture en ivoire feuille en moire blanche.

116 — Trois éventails dont un en écaille.

117 — Petit sac de voyage garni à l'intérieur d'un jeu de brosses en ivoire et de flacons en cristal et argent.

ETOFFES CHINOISES

TENTURES, RIDEAUX, TAPIS D'ORIENT

118 — Grand bandeau en satin de Chine rouge brodé en soie de couleurs de divinités et personnages, bordure à fleurs, fruits et insectes.

119 — Deux panneaux longs en satin de Chine rouge brodé d'oiseaux chimériques et de branches fleuries.

120 — Deux panneaux longs en satin de Chine brodé d'oiseaux et d'arbres en fleurs sur fond rouge.

121 — Panneau de tenture en soie de Chine brodée, présentant une divinité dans un encadrement à personnages et arbres en fleurs.

122 — Petit tapis en drap rouge brodé de dragons.

123 — Bandeau en satin de Chine brodé de fleurs
et de papillons sur fond blanc.

124 — Deux panneaux en satin de Chine fond
blanc et fond mauve, brodés par bandes trans-
versales.

125 — Bandeau en soie de Chine rouge brodé à
figures de femmes ramant, d'arbres et d'oiseaux.

126 — Panneau en soie de Chine rouge brodée
de fleurs et d'oiseaux.

127 — Huit dessus de sièges en soie de Chine
brodée fond rouge.

128 — Trois carrés en soie de Chine brodée sur
fond rouge.

129 — Quatorze petites bandes en soie brodée,
un carré en tulle brodé.

130 — Trois tentures égyptiennes.

131 — Tapis de table en cachemire de l'Inde.

132 — Portière en ancienne tapisserie à personnages.

133 — Garniture de lit en ancien damas de soie
rouge, bordure à galons et franges.

134 — Cinq coussins en étoffes brodées.

135 — Trois morceaux d'ancienne brocatelle.

136 — Morceau de brocart fond rouge.

137 — Chasuble, étole et manipule, trois dessus
de calice en moire noire galonnés blanc.

138 — Chasuble, étole et manipule, trois dessus
de calice en soie bleue à galons blancs.

139 — Petit panneau d'écran en soie noire offrant
au centre un sujet chinois.

140 — Nappe et douze serviettes à thé damassées.

141 — Lot de morceaux d'étoffes diverses.

142 — Trois coupes et un col en point à l'aiguille.

143 — Une coupe en Valenciennes et un mouchoir
brodé.

144 — Deux grands volants en dentelle de Chantilly.

145 — Douze rideaux et embrasses en mousseline blanche.

146 — Deux rideaux et quatre brise-bise.

147 — Quatre kakémonos.

148 — Carpette d'Orient fond bleu.

149 à 152 — Quatre tapis d'Orient anciens à décors variés.

153 — Six portières orientales.

154 — Six paires de rideaux et deux portières en karamanie.

155 — Deux coussins en karamanie.

www.ingramcontent.com/pod-product-compliance
Lightning Source LLC
La Vergne TN
LVHW020849200726
843508LV00003B/1113